PUBLICATIONS DE LA RÉUNION DES OFFICIERS

MÉLANGES MILITAIRES
(2e SÉRIE)
II

DES TÉLÉGRAPHES

ET

DE LEURS APPLICATIONS MILITAIRES

ANALYSE DU COURS

FAIT A L'ACADÉMIE D'ÉTAT-MAJOR DE SAINT-PÉTERSBOURG

PAR

le Général Major RECHNEVSKI

PARIS
CH. TANERA, ÉDITEUR
LIBRAIRIE POUR L'ART MILITAIRE ET LES SCIENCES
Rue de Savoie, 6

1873

DES TÉLÉGRAPHES

ET

DE LEURS APPLICATIONS MILITAIRES

EN VENTE A LA MÊME LIBRAIRIE

MÉLANGES MILITAIRES

PREMIÈRE SÉRIE

CONTENANT

LES PRINCIPAUX ARTICLES PUBLIÉS

DANS LE

BULLETIN DE LA RÉUNION DES OFFICIERS

EN 1871 ET 1872

5 VOLUMES PETIT IN-8° CARTONNÉS

Prix : 25 fr.

Il ne reste qu'un très-petit nombre de collections complètes.

1098 — Paris, imp. H. Carion, 64, rue Bonaparte.

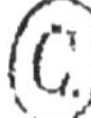

PUBLICATION DE LA RÉUNION DES OFFICIERS

DES TÉLÉGRAPHES

ET

DE LEURS APPLICATIONS MILITAIRES

ANALYSE DU COURS

FAIT A L'ACADÉMIE D'ÉTAT-MAJOR DE SAINT-PÉTERSBOURG

PAR

le Général Major RECHNEVSKI

PARIS
CH. TANERA, ÉDITEUR
LIBRAIRIE POUR L'ART MILITAIRE ET LES SCIENCES
Rue de Savoie, 6

1873

DES TÉLÉGRAPHES

ET

DE LEURS APPLICATIONS MILITAIRES

Le cours du général Rechnevski est divisé en trois parties principales : la première comprend les télégraphes optiques et acoustiques, la deuxième les télégraphes électriques, la troisième la télégraphie militaire. L'étude des différents systèmes télégraphiques est faite comparativement avec leur développement successif en Europe et au delà des mers. L'auteur remarque avec justesse qu'ils ont toujours eu une relation étroite avec les opérations de guerre ; ainsi les premières lignes télégraphiques furent construites par la France en 1793, dans un but purement militaire. Un autre exemple mémorable est celui du système télégraphique organisé par les Anglais pour les lignes de Torres-Vedras en 1809. Les télégraphes ont eu un rôle des plus importants lors de l'insurrection des Indes en 1857 et 1858 ; le climat de l'Hindoustan permet d'y établir les lignes télégraphiques avec plus de simplicité qu'en Europe. Pendant la saison sèche il ne pleut jamais et la végétation est brûlée par le soleil. Dans les régions présentant ce caractère, les Anglais laissaient toujours les fils sur le sol, sans les isoler ; sur les points qui présentaient de l'humidité et de la végétation, on les élevait sur des supports, mais sans isolateurs. La même guerre présente des exemples remarquables de télégraphie par signaux, entre autres lors de la défense de Luknow par sir Henry Lawrence.

Le télégraphe eut un moindre rôle dans les guerres de Crimée et d'Italie, mais il en eut un très-important dans la guerre de la sécession américaine. Les armées fédérales construisirent plus de 20,000 kilomètres de lignes télégraphiques, qui coûtèrent plus de 15 millions de francs et transmirent deux millions de dépêches. Le corps spécial chargé des signaux comptait, à la fin de la campagne, 200 officiers et un nombre proportionné d'hommes de troupe. Un cours théorique et pratique de signaux fut ouvert à l'école militaire de West-Point. Presque toutes les lignes télégraphiques, aux États-Unis, sont propriétés privées ; il en arrive quelquefois, pendant la guerre, qu'on refuse de les livrer à l'autorité militaire ; cette circonstance explique le développement donné à ce service dans l'armée, et ce n'est que vers la fin de la guerre qu'on eut un matériel et des voitures spéciales. Presque partout on se servit des appareils de Morse ; très-fréquemment aussi on fit usage d'appareils acoustiques n'ayant ni mécanisme d'horlogerie ni bandes de papier. Leurs dimensions étaient petites et en faisaient de véritables appareils de poche. Des appareils portatifs du système Morse ont été employés à intercepter des dépêches : on coupait les fils d'une ligne ennemie et, à leur intersection, on saisissait les dépêches. En 1861 et 1862 le partisan confédéré Morgan le fit dans ses raids, principalement dans les États du Missouri, du Kentucky et du Tenessee. La destruction des lignes, la possibilité de voir ses dépêches interceptées, enfin le manque de temps pour établir les communications du télégraphe électrique, mirent souvent les Américains dans la nécessité d'employer des télégraphes *optiques* et de former, pour leur emploi, des détachements spéciaux. L'emploi combiné des aérostats et de la télégraphie électrique se présenta lors de la bataille de Fair-Oaks, au mois de mai 1862, lorsque l'armée du Potomac franchit la rivière Chikahominy et menaça Richmond, que couvrait l'armée de Johnston.

C'est surtout dans la dernière guerre franco-prussienne que la télégraphie militaire, en Europe, a pris de l'importance. Au commencement de la guerre les Prussiens ne possédaient que quatre sections de télégraphie de campagne: une à l'état-major du roi, et les autres près des états-majors des trois armées. Outre la section de campagne, chaque armée avait aussi une section d'étapes; au fur et à mesure du développement des opérations, les Prussiens formèrent encore trois sections de campagne et deux d'étapes. A la fin de décembre, les sept sections de campagne et les cinq sections d'étapes étaient réparties de la manière suivante : quatre sections de campagne et deux d'étapes sous Paris, deux de campagne et deux d'étapes avec le prince Frédéric-Charles, sur la Loire, enfin une de campagne et une d'étape au nord avec le général Manteuffel.

Dans le cours de la guerre, les Prussiens organisèrent une direction spéciale de la télégraphie militaire, à laquelle furent confiés l'établissement, les réparations et le service de toutes les lignes télégraphiques *fixes* du théâtre de la guerre. Cette direction fit construire ou rétablir 6474 kilomètres de lignes, avec une longueur plus que double de fils et 135 stations. L'administration des télégraphes allemands détacha sur le théatre de la guerre 420 de ses employés.

Les blocus et siéges ont, dans le cours de la dernière campagne, donné un développement particulier à la télégraphie de campagne. Ainsi, par exemple, autour de Paris, on construisit un réseau télégraphique complet, d'une étendue de 160 kilomètres, et pourvu de 23 stations. Plusieurs lignes avaient trois et quatre fils; mais il faut ajouter que la télégraphie, au point de vue tactique, n'a pas eu plus d'importance qu'en 1866. Lors de la concentration rapide des troupes allemandes sur Sedan, les communications du grand quartier général avec les armées furent parfois interrompues en raison de l'insuffisance du télégraphe de campagne et de la destruction des lignes fixes par les Français. Les fourgons télégraphiques allemands étaient mal construits, et sur les directions principales l'établissement d'un seul fil était tout à fait insuffisant.

Les Français ne paraissent avoir eu dans cette guerre aucune organisation de télégraphes de campagne (1); cependant les moyens employés pendant le siége de Paris pour communiquer avec l'extérieur sont dignes d'attention. Le gouvernement de cette ville avait fait établir une transmission télégraphique dans le lit de la Seine, mais les fils furent bientôt découverts et détruits par les Allemands, grâce à la trahison d'un employé des télégraphes français, Allemand d'origine. On eut alors recours aux aérostats et aux pigeons.

Après avoir examiné l'emploi des télégraphes dans toutes les guerres récentes, le général Rechnevski en conclut que leur importance va toujours en croissant, mais que nulle part ils n'ont encore reçu une organisation définitive. En tout cas, les conditions principales que doit remplir la télégraphie militaire peuvent être déterminées avec certitude d'après les expériences qui ont eu lieu.

En temps de guerre, les communications télégraphiques nécessaires à une armée peuvent évidemment se distinguer en deux catégories : il lui faut, d'une part, des lignes télégraphiques permanentes pour communiquer avec la base d'opérations et le pouvoir central; de l'autre, des lignes temporaires destinées à relier les diverses parties de l'armée entre elles et avec les stations télégraphiques permanentes les plus rapprochées. Il ne faut jamais perdre de vue ces deux ques-

(1) Le matériel organisé en 1868 au camp de Châlons, et complété par des improvisations précipitées au moment de la guerre, fonctionna à Metz pendant l'investissement. Pris au moment de la capitulation, on n'a rien fait depuis pour le rétablir, et l'importante question de la télégraphie militaire se trouve de nouveau sans solution en France.

(*N. de la R.*)

tions essentielles quand il s'agit d'organiser les services télégraphiques d'une armée.

Il faut, en ce qui concerne la construction de nouvelles lignes fixes ou la réparation de celles qui sont endommagées, tenir compte de la densité du réseau télégraphique qui existe aujourd'hui en Europe. Il est probable qu'on aura rarement à construire de nouvelles lignes, mais qu'on peut avoir fréquemment à rétablir des lignes abandonnées et endommagées par l'ennemi. Or la destruction complète d'une ligne ne peut être qu'un fait très-rare, car l'ennemi a besoin du télégraphe jusqu'au dernier moment, et cette destruction serait longue et difficile. On peut donc admettre que des lignes abandonnées par l'ennemi ne subiront généralement que des dégâts partiels, interruptions des fils, des isolateurs, etc., et dans ce cas on devra prévoir les réparations à exécuter au moyen des parcs télégraphiques.

Mais s'il est difficile d'anéantir une ligne télégraphique, rien n'est plus aisé que de mettre complétement une station hors de service en enlevant les appareils et en détruisant les piles. L'instruction prussienne rédigée pour l'administration civile des télégraphes, en 1866, prévoit en détail tout ce que les chefs de station doivent faire à l'approche de l'ennemi.

L'auteur complète cette instruction au moyen d'observations pratiques qui présentent beaucoup d'intérêt.

Si l'on vient à occuper une station abandonnée par l'ennemi et que la ligne soit encore intacte, on doit chercher à improviser de suite une transmission de signaux. On peut, pour rétablir les piles, employer des vases quelconques qu'on remplit d'eau étendue d'acide sulfurique ou d'une dissolution saline. On peut, à défaut de zinc, employer, comme élément négatif, du fer, et comme positif, du cuivre ou du charbon. Après avoir ainsi rétabli la pile on peut procéder à une transmission de signaux sans le secours d'un appareil. Pour cela on prend d'une main l'extrémité du conducteur qui communique avec la pile, de l'autre celle qui communique avec la ligne, et on les met en contact afin de transmettre des signaux d'après le système Morse, en ayant soin d'isoler, au moyen d'un morceau d'étoffe ou de papier, la portion du fil en contact avec la main. Le rétablissement d'un appareil *permettant de recevoir des dépêches* présente beaucoup plus de difficultés. On peut toujours construire une bobine électro-magnétique avec du fil non isolé, et, en y insérant une aiguille aimantée, obtenir une sorte d'appareil à aiguille permettant de recevoir une dépêche transmise d'après le système Morse. Si on insère dans la bobine un morceau de fer doux, on obtient un électro-aimant auquel on peut adapter comme levier un autre morceau de fer doux tenu à la main. Le contact de ce levier avec l'électro-aimant peut servir à percevoir des dépêches du système Morse. Il va de soi que ces expédients ne peuvent être employés qu'au début et quand on occupe une station ; les appareils complets et les piles sont indispensables au rétablissement des communications télégraphiques, et une armée doit toujours en être pourvue.

La préparation d'un matériel télégraphique important et la réunion d'un nombre suffisant de télégraphistes expérimentés ne peuvent avoir lieu à l'improviste et au moment d'entrer en campagne. Il est indispensable que tout soit préparé en temps de paix. Cependant, comme les dépenses d'entretien seraient beaucoup trop fortes pour l'administration de la guerre, et qu'il y aurait encore divers autres inconvénients, chez toutes les puissances de l'Europe on a confié aux administrations civiles des télégraphes l'exécution des mesures destinées à pourvoir aux nécessités des services télégraphiques militaires au début d'une guerre.

En Russie, les télégraphes font partie du ministère de l'intérieur, et il a été décidé qu'en cas de guerre, ce ministère remettrait de suite à l'administration de la guerre un matériel télégraphique suffisant pour construire 500 verstes (environ 534 kilomètres) de lignes, et recompléterait ce matériel en cas d'épuisement. D'après les mêmes dispositions relatives au service en campagne, il doit être formé en temps de guerre une section télégraphique de campagne chargée de toutes les communications télégraphiques comprises dans le rayon des opérations militaires, ayant à exécuter les constructions et réparations de lignes, enfin devant les détruire en cas de retraite de l'armée. Cette section de campagne, formée de fonctionnaires de l'administration civile des télégraphes et placée sous les ordres directs de l'inspecteur des communications militaires, ne doit utiliser complètement ses ressources qu'en arrière de l'armée ; pour la construction et le rétablissement rapide des lignes situées sur le front des opérations militaires, les parcs télégraphiques de campagne sont pourvus de sections spéciales et de rechanges.

Outre les lignes télégraphiques permanentes, une armée a toujours besoin de construire des lignes temporaires pour faire communiquer les différents corps entre eux et avec les stations fixes les plus rapprochées. C'est à l'exécution spéciale de cette partie du service que sont destinés les parcs télégraphiques dits de campagne, dont la mission consiste à établir ou à replier rapidement des lignes et à suivre partout les troupes. Tout le matériel doit être transporté par le parc, et sa condition essentielle est la mobilité. Dans l'état actuel de la science et au point de vue technique, les appareils et les piles des parcs peuvent être considérés comme satisfaisants, mais il n'en est pas de même pour les fils, bien que leur légèreté et leur volume relatif soient ici une question essentielle.

On peut employer des fils non revêtus d'une enveloppe isolante et soutenus par des poteaux munis d'isolateurs, ou des fils isolés reposant sur le sol ou enterrés à une faible profondeur. Des fils isolés bien construits présentent de grands avantages pour un télégraphe de campagne ; les supports deviennent inutiles et on obtient un grand allégement du matériel ; il faut bien moins de temps et de main-d'œuvre ; les fils, moins apparents, courent moins le risque d'être découverts et endommagés par des partisans ennemis. Mais on n'a pas jusqu'ici réussi à bien isoler un fil simple ; ceux qu'on a employés peuvent être détériorés par les pieds des chevaux, les roues des voitures, et il est difficile de découvrir le point endommagé.

Pour ces raisons, en Russie comme en Prusse, les fils non isolés constituent la plus forte partie de l'approvisionnement des parcs (en Russie, les 4/5 ; en Prusse, les 2/3).

En France, depuis 1868, on a fait de grandes expériences sur des fils isolés, et d'après les rapports, ils donnaient de très-bons résultats et résistaient aux plus fortes pressions. Les expériences françaises n'ont pas abouti à des résultats ultérieurs ; il faut néanmoins admettre que la fabrication des fils bien isolés est une question de temps, et qu'elle doit occasionner des modifications radicales dans l'organisation des télégraphes de campagne.

L'ouvrage de M. le général Rechnevski fait connaître en détail la composition des parcs télégraphiques en Russie et chez les autres puissances de l'Europe, de leur matériel, de l'organisation des stations et du mode d'établissement des lignes.

L'organisation télégraphique de l'armée russe doit comprendre sept parcs complets, plus un parc léger pour le quartier général de l'empereur. Chaque parc doit comprendre trois sections, une légère, une mobile et une de réserve. La section légère, destinée à marcher avec les troupes, peut construire une ligne de 35 verstes (un peu plus de 37 kilomètres) ; la section mobile a un matériel suffisant pour 42 verstes, et doit établir les communications entre les quartiers généraux des divers corps; la section de réserve, destinée à établir et à construire les lignes en arrière de l'armée, dispose de 70 verstes de fils.

La Prusse possède actuellement sept détachements télégraphiques de campagne et cinq d'étapes.

L'organisation autrichienne a pour but de donner, en temps de guerre, des détachements télégraphiques : 1° au quartier général de l'armée ; 2° à chaque quartier général de corps d'armée ; 3° à l'intendance de l'armée ; 4° à chaque division opérant séparément.

En examinant l'organisation des télégraphes militaires de campagne chez ces diverses puissances, le général Rechnevski démontre qu'elle n'est pas suffisamment achevée et ne répond pas à toutes les éventualités du temps de guerre. Si en effet, dit-il, on se représente une armée composée de trois corps et se mouvant sur trois lignes parallèles, la communication entre eux peut s'établir de deux manières, transversalement et dans le sens du mouvement [suivant $\begin{pmatrix} a & b & c \\ a' & b' & c' \end{pmatrix}$ ou suivant (aA, bA, cA)], en admettant un point central A de communication en arrière de l'armée. Les lignes transversales ne peuvent subsister que temporairement, en supposant des temps d'arrêt, des circonstances géographiques favorables et une distance relativement peu considérable entre les fractions de l'armée; dès que les troupes se meuvent, il faut replier avec célérité les lignes transversales, ce qui oblige les détachements télégraphiques à se séparer des troupes. Aussi, pour établir une communication constante entre les corps d'une armée en marche, il faut presque toujours recourir à l'établissement de lignes continues, suivant le mouvement de chaque corps et ayant une communication centrale en arrière. Ces lignes doivent se déployer au fur et à mesure du mouvement des troupes; cependant les parcs mobiles, dans la plupart des cas, auraient épuisé leurs approvisionnements au bout de deux ou trois marches.

A ce point de vue, l'organisation des télégraphes de campagne français projetée en 1868 mérite une attention spéciale. Ce système français se proposait de relier, en temps de guerre, par un réseau télégraphique, les divers corps d'une armée entre eux et avec le quartier général ; à cet effet, chaque corps devait être pourvu d'un détachement télégraphique ayant 200 à 250 kilomètres de fils, ce qui permettait d'établir immédiatement des lignes ayant une étendue de dix à douze marches, au lieu de deux à trois marches et demie comme en Russie et en Prusse. Le matériel de chaque section devait être transporté dans deux voitures-stations et dix voitures-matériel, Les deux voitures-stations et quatre voitures matériel devaient rester constamment près des troupes, les six autres accompagnaient les convois et remplaçaient les premières au fur et à mesure de l'épuisement du matériel. Chaque détachement devait avoir en sus quelques mulets ou chevaux de bât, afin de pouvoir établir des lignes latérales de peu d'étendue.

Le télégraphe militaire français se proposait de construire la ligne avec une vitesse égale à celle de la marche moyenne des troupes, et en conséquence, en tête de cette ligne devait se trouver la voiture-station, munie de l'appareil communiquant avec la ligne. De cette façon, les corps pourvus d'un télégraphe de campagne pouvaient communiquer constamment entre eux aussi bien dans la marche que dans les haltes.

Les avantages de cette organisation sont évidents ; mais tout dépend de la bonne qualité du fil conducteur isolé. Le fil non isolé ne peut convenir, à cause des supports et de l'accroissement excessif de matériel qui en résulterait.

Après avoir examiné tout ce qui concerne les télégraphes électriques, M. le général Rechnewski en conclut que quelle que soit leur forme et leur organisation, ils ne peuvent satisfaire à toutes les éventualités de la guerre. 1° Ils nécessitent un matériel encombrant, qui gêne les troupes, et souvent ne peut les suivre; 2° la construction d'une ligne demande un temps sur lequel les mouvements rapides des troupes ne permettent pas toujours de compter; 3° les lignes sont aisément détériorées et doivent être l'objet d'une surveillance constante; 4° la construction d'une ligne traversant des localités occupées par l'ennemi est impossible. De là, comme conséquence, la nécessité d'établir des télégraphes optiques ou de signaux. Ils ne peuvent sans doute pas remplacer la télégraphie électrique, mais la simplicité de leur construction présente de grands avantages : 1° Ils ne nécessitent presque pas de matériel, ne gênent pas les mouvements de troupes, et peuvent s'établir dans les terrains les plus difficiles; 2° comme ils ne nécessitent pas l'établissement d'une série de stations, on peut les déployer ou les replier à volonté; 3° les directions sur lesquelles on les établit n'ont pas besoin d'être occupées et peuvent même traverser des zones occupées par l'ennemi.

D'autre part, s'il s'agit de construire une ligne destinée à transmettre une correspondance permanente et active, les avantages et la supériorité de la télégraphie électrique reparaissent. D'une part, les télégraphes de signaux ne peuvent fonctionner par la pluie et le brouillard, etc.; de l'autre, quand il est utile d'établir des communications de peu d'étendue, près de troupes en mouvement, dans des terrains difficiles ou exposés aux incursions de l'ennemi, l'avantage du télégraphe optique reparaît. En somme, pour tirer des télégraphes, au point de vue militaire, un maximum d'utilité, il faut qu'une armée puisse, suivant les cas, employer ces deux systèmes.

Pour un télégraphe optique, il suffit d'organiser un détachement pourvu d'un matériel simple, divisé en signaux de jour et de nuit. Ce système est pratiqué actuellement dans les armées anglaise, autrichienne et des États-Unis d'Amérique.

Il est à remarquer que dans ce système de télégraphie, on ne peut obtenir, au point de vue pratique, une célérité suffisante qu'en signalant des phrases au lieu de lettres. En Amérique et en Angleterre, cette méthode est adoptée, sans exclure cependant la transmission par lettres.

Il est à craindre que l'ennemi ne parvienne à observer et à interpréter des signaux. Mais des inconvénients analogues et même plus grands se présentent avec la télégraphie électrique, et les dépêches chiffrées se transmettent également bien dans les deux systèmes.

La conclusion de M. le général Rechnevski est que, jusqu'à présent, ni la théorie ni la pratique n'ont dit leur dernier mot en télégraphie militaire. Les dernières guerres ont fait juger de l'importance considérable des télégraphes, au point de vue stratégique, mais les avis n'ont pas cessé de différer sur leur emploi dans la tactique; les uns prétendent que le télégraphe doit suivre partout les troupes, en avant comme en retraite, dans le combat comme au bivac; d'autres jugent que cela est impossible et veulent en restreindre l'emploi. Il est certain que les télégraphes sont loin de posséder, au point de vue tactique, une mobilité suffisante, mais cet inconvénient peut être diminué par l'adoption de fils conducteurs bien isolés et l'emploi judicieux des signaux.

Quelle que soit, du reste, la perfection des appareils, on ne saurait jamais s'en rapporter complètement à des procédés mécaniques pour la transmission des ordres dans une armée, et il n'en est pas moins essentiel que le service des aides de camp et cavaliers porteurs d'ordres soit parfaitement organisé.

PUBLICATIONS DE LA RÉUNION DES OFFICIERS

EN VENTE A LA MÊME LIBRAIRIE

Les canons géants du moyen âge et des temps modernes, par R. Wille, lieutenant de l'artillerie prussienne. Traduit de l'allemand par MM. Bolard et Bouché, lieutenants d'artillerie. 1 vol. in-8° . . . . . . 3 fr. [illegible]

Les mitrailleuses et leur emploi pendant la guerre de 1870-1871, par Hermann, comte Thurheim, capitaine bavarois. Traduit de l'allemand par E. J. Broch. in-8° . . [illegible]

Mémoire sur la permanence de l'armement de défense et sur l'emploi des cuirasses métalliques dans les fortifications d'Anvers, Plymouth et Portsmouth, par le baron [illegible], lieutenant colonel d'artillerie. 1 vol. in-8° avec planches . . . [illegible]

Règlement du 3 août 1870 sur les exercices de l'infanterie de l'armée royale de Prusse. Traduit de l'allemand par J. Monlezun, lieutenant au 120e régiment d'infanterie. 1 volume in-12 avec figures et planches de musique [illegible] toutes les sonneries et batteries . . . . . . [illegible]

Manuel du sapeur d'infanterie, instruction publiée par le ministère de la guerre italien. Traduit par MM. [illegible] et de [illegible] Sermonan. 1 vol. in-18 avec 100 planches . . [illegible]

Manuel du soldat. I. Service intérieur. II. Instruction sur le démontage, le remontage et l'entretien de l'arme. III. Notions sur le tir du fusil d'infanterie. IV. Transport des troupes d'infanterie au chemin de fer. V. Notions d'hygiène. VI. Service des places. VII. Service en campagne. 1 vol. in-18 . . . [illegible]

Paris. — Imp. A. Dutemple, 61, rue Bonaparte.

www.ingramcontent.com/pod-product-compliance
Lightning Source LLC
LaVergne TN
LVHW010250230826
846091LV00007B/2885

* 9 7 8 2 0 1 3 5 0 1 9 8 9 *